사랑하겠다는데도

배윤음

배윤음 단상집

모든 이야기는 거꾸로, 사랑은 전부 다 거꾸로.

목차

하나.
° 삶이고 사랑 °

둘.
° 이별이고 사랑 °

셋.
° 사랑이고 사랑 °

하나.
삶이고 사랑

먼지가 너무 많은 세상에서 살고 있다.

아침에 눈 뜨면 코가 훌쩍이고 눈시울을 훔쳐야 하는.

나를 뿌옇게 시린 가슴으로 살게 하는 사람들.

네가 나를 아프게 하는 건지 내가 나를 찌르는 건지 알 수 없는 매일 매시 매분 매초.

주소록을 내리고 내려도 상심한 마음을 전할 이가 없다.
애저녁에 우울을 늘어놓다 멀어진 이름만
내가 문제인 듯 탓하게 만들 이름만
고단한 하루를 마치고 술 한 잔 기울이고 있을 이름만.

끼어들 이름이 없다.

다들 빈틈없이 살고 있니
혼자만 바라는 걸 놓지 못해 빈틈을 까 보이고 애꿎은 상처를 자처했다 말할 거지.

나는 또 사라지고 싶어.

올바르지 못한 너네들은 전부 고래밥이 되어버리라고 적었다. 고래 뱃속에서 펑펑 울고 후회하라고. 거르고 걸러도 답 없이 밀려오는 물보라에 너네 같은 족속들과 다 같은 고래밥이 되어 고래밥끼리, 고래 뱃속 같은 세상에서 우왕좌왕 헐뜯고 할퀴고 고성을 질러가며 결말에 닿아 처치 곤란한 고래 똥이나 되어버리라고. 누구도 반기지 않게. 아무도 단죄할 수 없다면 고래가 지배하는 세상 속에서나마 괴로워하라고 빌었다.

나도 안다. 불과 열 보름 전에 존재하던 우리의 떠들썩했던 청춘. 그 빛이 많이 바랬다. 먼지가 뿌옇게 앉아 맘 한 켠에 있는 그 청춘이 이따금 발견될 때면 눈시울이 뜨겁다. 다시 반짝반짝 빛나주면 안 돼? 다시 떠올려주면? 소중히 해달란 말야. 수백 번 외쳐봐도 실은 소용이 없다. 내 안에서만 이리저리 부딪히다 멍 자국만 파다하게 남긴 뒤 사라져 버린다.

함께 잔을 기울여야지만 가까워지는 인연들. 슬프게도 가장 가까웠던 사람들. 술을 멀리하니 아주 멀리 가는 마음들. 나는 아주 많은 힘을 잃었어. 나를 두들겨 패는 사람은 너무 많은데 단 한 번도 모든 걸 혼자서 견뎌내 본 적이 없어. 나는 내 마음을 담보로 사람들에게 관심을 빌려. 내가 너무 하찮고 조그매…….

내가 생각하는 나와 타인이 바라보는 나의 간극을 알아챌 때 "그렇구나, 그렇게도 보이는구나." 할 수 있는 사람이라면 얼마나 좋을까. 단단해지고 싶다는 외침을 10년 가까이 외쳤지만 날이 갈수록 물러지기만 한다.

명치 언저리를 푹 찔러 넣는 듯한 간극을 느낄 때면 얼른 자리를 피해 숨고 싶어 진다. 상대방이 생각하는 나를 잊을 때까지 열 평 남짓 한 집 안에 수그려 아무에게도 노출되고 싶지 않은 심정. 나는 그렇게 우직한 사람도, 하물며 말랑한 사람도 되지 못한 채 아물지 못한 자리에 또다시 돋아난 고독을 씹어 먹기 바쁘다.

내가 나를 망치는 걸까 나를 망칠 세상에 들어온 걸까.

관계의 상실을 인정할 용기가 내게 있는가. 끊임없이 고민해야만 하는 사람. 그래서 그러한 용기가 있냐고, 하면, 없다.

사람을 겪고 나면 생기는 불쾌함이 오밤 내내 가시질 않는다. 사소한 건데. 사소할 뿐인데. 부끄러워 어디 말도 못 할 사소함인데. 관계의 생로병사라는 거, 나도 긍정하고 싶다. 너희는 아스라이 사라졌고 그건 인력으로 어찌할 바 없는 거였다고. 내가 틀리지 않았을지 모르고 너도 틀리지 않았을지 몰라.

여느 때와 다름없이 사랑에 충실하기엔 내가 너무 자라 버렸다. 청춘은 지나갔다. 삶이 온통 명투성이라는 건 어른으로 자라 버렸다는 거잖아. 내 두 눈 어디에 청춘이 자리하고 있니. 좋아하는 향기를 맡아도, 좋아하던 눈매를 발견해도 지나쳐 보내는 일이 평범해졌다. 다 그렇게 산대. 입은 더 무겁게 잠그고 시선은 더 빠르게 거둔다. 내 청춘은 오늘도 열 발자국 뒤에, 아니 등 돌려 멀어지고 있어.

마음이 약해지고 울렁일 때마다

전하고픈 이야기는 일기에만 남길까.

돌아와도 아플 대답이나

돌아오지 않을 대답에 눈물을 쏟을 바엔 그냥 일기나 쓸까.

누구누구로 시작해 이러이러했다 고자질하는 편지가 될지라도

나중에 읽어서 눈물 한 방울 툭 떨어트릴 만큼 시린 시 한 편이 될지라도

전하지는 말까.

웃긴다 정말.
넌 내가 이타적이라며. 당신은 내가 이기적이라며. 너는 또 내가 너무 피곤하다며. 언제는 또 게으르다며.
어떻게 정의되는 인간이길래 사지에서 나를 묶고 찢어대기라도 할 것처럼 시끄러운 건지.

요즘 말론 코어가 단단해야 잘 산다던데. 결국엔 단련 안 된 영혼으로 지구에 떨어져 멋대로 산소를 마시고 만 내 잘못이구나.

머무는 동안 살아 숨 쉬느라 바쁠 줄만 알았는데 게으른 나를 견디느라 벅차다. 나는 그대에게 얼마만큼 매력적인 사람인지, 친구인지, 연인인지. 나는 항상 끝없이 매력적인 사람이고 싶어.

마음이 가난해지려나 보다. 너무 높이 날지는 말자고 매번 다독여 왔는데. 자꾸만 구름 위, 아님 맨바닥만 보고 산다. 너는 내게 앞을 보고 걸으라며 타박하곤 했는데. 잘 사니. 잃어버린 사람이 생각나는 걸 보니 오늘 내 마음도 영 무사하지 못하겠다.

헤어지고 싶은 밤.

그럴 수 있는 연인 하나 없는데 울분이 삭여 지지 않아 있지도 않은 연인을 뚝딱 만들어내 소리 지르고 울음을 터뜨리다 질 나쁜 이별을 고하고 싶은 밤.

창밖엔 천천히 떨어지는 함박눈이 밤을 더 장식하니 또 한 번 죄 없는 눈을 미워하는 밤.

밖으로 나가 하얀 눈을 맞고 강아지와 거닐며 예쁜 추억 하나 남기고 싶은데, 모자를 눌러쓰고 운동화를 구겨 신고 나갈 그 작은 의욕 한 점이 없어 더 미운 밤.

그 어설픈 장면 하나를 만들지 못해 열병이 돋아나는 밤이다 오늘 이 밤이.

슬픔을 쓰려고 한 건 아녔어요. 때때로 내가 너무 고독해서 그랬어요. 누군가 발견해 주길 기대하며 살아왔지만 아무나 함부로 발견하지 말아 달란 모순을 반복하며 살아요. 외로웠어요. 딱딱한 고독을 매일 밤 오독오독 씹어가며 울었어요. 어젯밤엔 나를 여러 번 죽였어요. 나는 지금 반짝이지 않아요.

남 탓하고 살면 편하다던데. 굳이 굳이 불편히 살겠다고 발버둥 치는 모습이 가끔은 멍청해 보여.
그네들은 수치도 모르고 염치도 모른 채 헤벌쭉 살아간다는데. 생각 많고 주저하는 내 탓이라는데.
근데 난 알어. 내 세상에 먼지는 너네야. 너네 탓이야.

고흐는, 고흐는 괴로움에 못 이겨 스스로 귀를 잘랐대. 사랑하는 동생 테오의 결혼 소식에 앞으로의 생활이 어려워질지도 모른다는 절망감일 수도, 동료 고갱의 폭우 같던 비난 때문일 수도, 사창가서 청소 일을 하던 여인의 다친 팔을 위한 선물일지도 모를 고흐의 자해는 아무도 의중을 몰라.

욱신거리는 귀 한쪽에서 강물 소리가 들렸고 매혹적으로 빛나는 별들에서 수많은 고통을 보았대. 그를 꿈꾸게 한 것은 저 별빛이 아니었겠냐며. 캔버스에서 별빛 터지는 소리가 들린다며. 푸른 대기를 뚫고 별 하나가 또 오고 있다며.

나는 수백 년 전 죽은 사람의 흔적에 괴로워하는 문드러진 혼을 갖고 멋대로 그를 안고 함부로 위안하고. 초라한 무덤 앞에서 멀쩡히 붙어있는 귀를 매만지고. 그러니까 실은, 솔직하게 말하자면, 내가 그에게 바치는 염원은 가난한 고통으로 만들어진 위선이었어.
그는 절대 원치 않을, 위선의 탈을 뒤집어쓴 천박한 동정.

봄 냄새가 풍기는 날, 우리 함께 죽기로 했잖아.
다시 보고 싶던 풍경이 떠올라도 꾹 참자고.

여행을 좋아한다. 수많은 여행을 해냈다 자신할 순 없지만, 그래도 여행을 좋아한다. 완벽한 이방인이 되기를 바라는 걸지도 몰라. 나고 자란 이 나라, 이 도시에게마저 때때로 이방인 취급을 받는 내가, 두려움에 그 밤 꼴딱 새워 괴로워하는 것보다 아무도 반길 사람 없고 찾지도 않는 새로운 도시 안에서 느끼는 안주가 더 기쁜 걸지도 모른다. 불완전하기에 아름답다 말했니. 나는 내가, 완벽한 이방인의 모습일 때 좀 더 아름다운 것 같아.

시코츠코, 여명. 책을 훔쳐도 날아가는 문장들. 마음에서 떠나지 않는 얼굴들. 끝없이 헤엄쳐도 알아주지 않을 물장구. 나는 여기서, 아름다운 호수 뒤 둥그런 섬 봉우리 위로 트이는 여명을 담고 다시 버려, 흘려, 연습해야 하는 것. 원망밖엔 나오지 않던 목구멍에, 곁에 두고 싶은 무언가 흘려보내야만 할 때 차오르는 시큰한 아픔을 알게 되는 것. 살아있는 것 같아.

파리에 도착했던 날 밤엔, "아, 낭만이다. 낭만이다!"를 수도 없이 외칠 수밖에 없었고 그다음 날도, 다다음날도 같은 말을 지겨울 만큼 반복하겠다는 심정으로 잠들었다. 잠이 잘 오는 파리의 밤이었다.

그래서, 억겁과 찰나 사이에 숨어 눈치만 살피다 도망쳐 온 곳이 파리였고 나는 다행히 파리 곳곳에 날아다니는 낭만을 숨에 들이킨 채 무려 하루를 더 살았다. 그렇게 얻은 하루로 다음날 이틀을 더 살고 나흘을 더 살고. 낭만이 묻은 파리의 공기를 끊임없이 들이마셨다. 도망쳐 온 곳이 파리라서 다행이야. 내가 이 완연한 봄날까지 무사히 살아남을 수 있었던 증거의 도시.

이날이 아니면, 이 모습을 보지 않으면 절대 잠길 수 없는 상념이 있다. 이 도시를 사는 이와 나는 같은 사람일지, 다른 사람일지. 또는 유려하고 정적인 이 풍경을 늦게나마 발견한 나는 본 적 없는 괴물로 태어나 변해버리는 건 아닐지.

사교적이지 못한 탓에 다른 사람보다 터무니없이 적은 순간을 겪고 떠나야 한다니 못내 아쉬워. 서울에서와는 달리 여러 밤을 붙어 지낸 친구에게 입짝을 비집고 나오는 깊은 속내를 막지 못했다. 아, 그리고 또 동트기 전에 후회한다. 아무 말도 하지 말걸. 즐거우려 날아온 먼 길인데. 이 복잡스러운 심경을 어떤 문장으로 마무리해야 하나. 아침 해가 누운 자리까지 침범하고 나면 새 세상을 보고 맥주나 한 병 까 마셔 발랄한 한낮을 보내면 되려나. 어쨌거나 다신 오지 않을 이런 한낮과 한밤을 사흘만 더 영위하고 돌아갈게.

2023년 2월 4일 피렌체에서.

가을이 제일로 좋지만 겨울이 더 좋을 때가 있어.
더, 더, 더 낭만적인 순간이 이따금 생겨나서.
예를 들면 후덥지근한 여름에 찾아 먹는 냉면 한 그릇은 힘겨운 더위를 가시게 하고. 신선한 봄가을에 배가 고파 먹는 비빔밥은 그냥 뭐, 언제나 있는 일상에 잘 때운 끼니 같은 거고.

겨울은 달라. "너무 추워! 너무너무 추워어!" 하며 오들오들 떨면서도 갖가지 조명으로 반짝이는 길거리를 걷다가 "우리 따끈한 국물 먹자!" 하고 들어간 우동집은 2년이 지나도 3년이 지나도 잊히지 않는다.
따뜻한 가게 안에서 코트를 벗고, 녹아내리는 훈기를 느끼며 왠지 모르게 안심하고, 입천장 데이지 않으려 호- 호- 불며 호로록 마신 따끈한 우동 국물에 괜히 옆에 앉은 친구를 보며 배시시 웃고. 오늘 널 만나 여기 오길 참 잘했단 생각을 하면서.

나는 그런 날의 기억들로 살아가니까.
로또가 되면 알래스카로 이민을 갈까? 그럼 좀 덜 불행할지도 몰라. 아닌가, 거긴 우동집이 없어 안될지도 모르겠다.

기분 좋은 날들을 기록해 보기.

오랜만에 시장에 들러 라넌큘러스를 샀고 프리지아도 잔뜩 사 라넌은 아름언니에게, 프리지아는 할머니께 선물했다. 언니는 좋아했고 할머니는 영, 시큰둥.

반응과 상관없이 그날은 타인의 행복을 생각하며 내가 웃은 날. 잘했어요 도장 쾅.

지나가다 밟히는 풀떼기도 무시하지 말 것. 아무도, 그 무엇도 함부로 무시하지 않을 것. 내 생각이 틀릴 수도 있다는 겸손. 그리고 내 생각이 틀린 것이 결코 '나'가 틀린 것이 아니란 점을 분리해 낼 것. 지적 겸손을 유념하고, 이를 바탕으로 나 또한 무시받지 말 것.

될 이유보다 안 될 이유를 먼저 찾는 사람과 가까이하지 말란 말에 휘청였다. 그런 생각은 정말 잘 옮는대. 나도 그런 사람은 아니었는지. 혹은 그런 생각에 옮아 한계를 정해놓고 살진 않았는지. 쉽사리 영향받지 않는 딴딴한 사람이고 싶지만 난 너무 물렁한 사람인 걸.

아빠 우리 좀 더 나은 사람이 되자. 창피해 말고 염치를 아는 사람으로, 무시하지 말고 이해하는 사람으로. 남들과 다름을 모난 것이 아닌 특별하다 여기는 사람으로. 유연하되 심지는 단단해 무너지지 않는 사람으로. 금이라고 해서 다 반짝이는 것은 아니며 헤매고 다니는 자가 모두 길을 잃은 것은 아니래. 우리 이 말을 부디 잃지 말자. 가장 가까운 사람에게 나눠주자. 적어도 사랑하는 사람이 나를 이유로 힘을 잃고 쓰러지지는 않도록 자꾸만 나은 사람이 되자. 나는 이 바람이 사라져 버릴까 봐 두려워. 내가 힘을 잃고 도망쳐 버릴까 두려워.

평생 한 사람만을 그리워하는 사람이 있나. 있다면 그건 사랑일까? 그렇다면 그리워함은 곧 사랑일까. 혹은 이미 지나버린 마음에 떨쳐내지 못한 집착은 아닌가.

오늘은 김동률을 듣고 쓸쓸해서 울었다.

안녕. 네가 떠난 오늘 날씨는 흐렸고, 좋은 바람이 불었어. 울보로 소문난 네가 울면 가슴이 아플까 봐 걱정했지만, 그런 내가 무색하게 너는 살포시 웃는 얼굴로 떠났고, 남은 우리는 눈물을 감출 수가 없었네. 많이 단단해졌더라 넌.
네게 주어진 시간들을 전부 헤쳐내고 나면 우리는 많은 것이 변해있을 테고, 사랑하는 마음은 제자리일 테지. 그래, 사랑하는 마음은 제자리일 거야.

 어릴 적 툭하면 울어대는 네가 뭐 그렇게 미웠는지. 너도 이해 안 되지. 나두 안된다. 두 장의 빼곡한 편지를 적고도 할 말이 남았다는 것은, 굳게 닫혀있는 네 방 문과, 우리 세 식구 외식하고 돌아오면 같이 걷던 동네 오솔길, 물 마시러 나가면 꼭 스쳐 지나가야 하는 예쁘게 웃는 네 사진, 그리고 초코도. 다 나와 아빠의 목구멍을 아프게 하는 너의 잔상이 진해서인 거지. 이미 읽었을 편지에 썼지만서도 한 번 더 말해주고 싶었어. 내 동생으로 태어나주어 고마워. 너는 빛나는 사람이고, 나는 그런 너의 언니이고, 아빠는 그런 너의 아빠네. 네가 참 좋다. 그래서 난자리가 더 서글픈가 봐. 남겨진 사람 걱정은 말아. 사랑은 제자리일 테니까. 그게 힘이니까.

아빠. 내가 당신의 그 모든 시름을 이해할 날이 오긴 할까. 내가 아플 때면 마음으로 앓던, 함께 밤을 지새우던 당신을 내가 사랑하지 않을 수 있을까. 세상에 태어날 적부터 나를 반기고 매일매일 크고 자라며 달라지는 날 빠짐없이 반겨 주던 당신을 내가 사랑하지 않을 수 있을까.

이제는 쇠약해져 가는 몸뚱이를 덩달아 약해져만 가는 당신의 여린 마음에 감히 의지가 될 수 있을까. 내가 매일 자라날 동안 당신은 매일을 작아져 가고 있었는데. 눈에 선히 보이는 그 사실조차 매일을 망각했나. 당신 혼자는 힘에 부쳐 하루도 빠짐없이 술잔을 기울일 때 왜 잠시도 그 곁을 자리하지 못했나.

이 어설프고 어리석은 내가 당신의 모든 시름을 이해할 날이 오긴 할까.

둘.
이별이고 사랑

사랑이 쏟아지기 시작하던 때에, 나는 너를 잃고 싶다 다짐했다. 목구멍 깊숙이 맴도는 말은 아파도 곧 삼키고, 항상 행복했으면 좋겠어.

그러니 누군가 여기 무너진 마음을 태워주세요.

다 타버려 잿더미가 된다면 그 잿더미조차 모이지 못하도록 옛 기억을 속삭이지 못하도록 전부 털어 흩날려 주세요. 불을 붙여 태워주세요. 없애주세요. 너무 뜨거워 비명을 질러도 무시하세요. 오만했던 내 사랑보다 타는 고통이 더 생생할 만큼 고약한 불을 붙여 주세요. 나를 좀 태워주세요.

제발.

우리 사랑은 썩은 배가 되어,
무너지고 부서지고 가라앉고
무너지고 부서지고 가라앉고
무너지고 부서지고 가라앉고

영원하지 않을 당신의 뜨거움에 모르는 척 몸져누웠고, 사랑이 끝난 지금은 다 털고 일어나야 하는데 누운 모습 그대로 움직일 수가 없다. 나는 잃어가는 것들에 너무 나약해 청춘의 한 구절을 엉엉 울다 구겨버린다. 구긴 청춘이 한 무더기다. 힘 같은 건 잃은 지 오래다. 오늘도 내 몸 테두리를 따라 구석구석 구겨진 청춘이, 그리고 사랑이. 데구르르 굴러다닌다. 아무도 주워주지 않을 마음이라 서글픈 것들.

그때라서 참 벅찼다. 젊은 날이라서 벅찼어. 짐을 옮기고 바닥을 닦고 창밖을 보며 심장 어딘가 달아올라 웃음 밖에 달리 지을 표정이 없던 날들. 그건 다 사랑이었는데. 그럼에도 우리 둘 시간에 종지부는 찍혀 버렸고 그 자리는 텅 비는 수밖에. 잘 가. 잘 지내.

당장 집에 돌아가면 널 떠올리게 할 수많은 것들이, 나를 보고 반길 흔적들이 끈덕지게 괴롭힐 테지.
한강에 나가면 네가 좋아 환장하는 자전거를 탄 사람들이 마구 지나갈 테고, 텐트를 펴고 은박지에 싸 온 김밥을 나눠 먹는 연인들도 수두룩해 날 괴롭힐 테야. 당신에게 선물하려 만지고 예뻐하던 들꽃마저 두 눈을 질끈 감게 만들 테지. 우는 건 싫어. 우는 건 싫으니까. 그 지긋지긋한 순간들이 모여 쉬지 않고 날 때려댈 게 뻔해서, 그게 너무 무서워서 힘들어.

무수한 사랑 고백이 오갔는데도, 나 모르는 새 만들어 낸 찰나의 눈짓에 마음이 어지럽다. 나쁜 년, 나쁜 놈, 그리도 달콤하게, 애달프게, 내일이 없는 것 마냥 그렇게 두 눈을 맞췄는데도, 나도 거기 있었는데도.

잘못하지 않은 일을 잘못했다고 말하는 날이 잦아지면

혹여 내 맘이 썩어 없어지거나, 닳아 없어지거나, 결국 눈물에 잠겨 네가 없는 세상에서 아주 가엾은 모습을 한 채 영영 사라져 버리진 않을까, 생각하곤 해.
초연한 사람이 되고 싶었지만 영혼마저 예민한 사람이라. 그래서 매일 가슴에서 열이 나. 답답하고 괴로워. 너는 그런 나를 차갑게 식혀주는 사람이라고 생각했는데, 불에 타 없어지도록 지켜보는 사람일 줄은 꿈에도 몰랐어. 넌 너무 잔인하고, 널 사랑하는 내겐 아무 힘도 없다니.

가을 같던 사람. 가장 사랑하는 계절이라 너 또한 사랑했나 보다. 가을의 시원한 바람이 좋았고 내 열기에 딱 맞춘 듯한 네 손의 온도도 좋았다. 그래서 내가 사는 세상의 계절이 철 따라 바뀐대도 너만은 가을 그대로일 것 같았어. 자꾸만 여름이 되고 싶어 하는 너를 붙들어 놓느라 나는 겨울이라도 되고 싶었나 봐. 미치도록 뜨거웠던 주제에 너를 사랑했던 일이 미안하다. 사랑에 서툰 너를 데리고 뜨겁게 데웠다가, 차갑게 얼렸다가 괴롭게만 해서.

가을 같던 사람. 이젠 자연히 바뀌어 가는 사계를 따라 아프지 말고 살아. 이건 내가 네게 보내는 마지막 뜨거운 염원이야.

참 겁도 없는 사람. 무시무시한 사람.

이제부터 네가 휘두르는 헤어짐에 겁에 질려 내 입이 쳐 막히는 일이 잦아질 테지.

내가 닳고 닳아 없어져 버리고 나면,

그때도 너는 나를 부둥켜안고 나 없인 안된다며 세상 가여운 모습으로 엉엉 울어버릴까 궁금해. 미친 사람처럼.

난 네가 생각하는 그런 한심한 사람이 아냐.

네가 떠나가도 지구는 멸망하지 않아.
내가 사흘을 굶어도 지구는 멸망하지 않아.
당신이 나를 배신해도 지구는 멸망하지 않아.
내일 아침 깨어나지 못한대도 지구는 멸망하지 않아.

지구가 멸망하는 것도 아닌데 내 세계는 속도 없이 멸망하는 기분이라.

세상엔 사랑만으로 해결되지 않는 일들이 너무 많다.

쓸쓸해서 눈물이 날 때엔, 어디를 콕 찔러야 하나.

어젯밤 꿈에 당신이 나타난 이유는, 어쩌면 별 의미 없는 일일지도 모른다.

대수롭지 않은 꿈 때문에 잠에서 깨 겪어야 할 다음 날의 일상이 모두 어지러웠다는 것 또한 별일 아니다.

사랑은 언제나 찾아오고 머물다 떠나기를 반복하고 그 지루한 반복 속에 내 일상이 망가져 내리는 건 늘 정해져 있는 일이다. 제아무리 스스로를 사랑한대도 내 곁, 그리고 내 머릿속을 몇 날 며칠 한시도 떠나지 않고 지키던 이 사람을 떠나보내고 나면, 슬프고 공허한 게 당연하니까. 하물며 내가 나를 사랑하지 않을 때 당신을 만났고, 급기야 나를 미워하기까지 하던 시절의 나는 어땠겠나. 사무쳤지. 한 시간 전에 이별했음서 그리워하고, 혼자만의 시간을 못 견디고. 수백 방울의 눈물을 후두둑 후두둑 떨어트리고. 아니, 멍청한 자책이 담긴 눈물에 잠겨 버리고. 사무쳤고말고. 당신이 최악이라 다행이다. 떠날 수밖에 없는 사람이라 다행이야. 정말 오랜 시간 버거워 숨을 참았다. 그리움은 잠깐이라지만 낭떠러지에서 맨바닥- 그 끝까지 떨어져 버린 나를 다시 신뢰하는 일은 정말이지 고된 시간이었다. 탁한 색으로 죽어가는 나를 살리느라 고생이던 사람들, 그들의 빛나는 영혼까지 망쳐 버릴까 노심초사하고. 못난 당신 색깔에 내 것이던 찬란함을 빼앗겨 버린다는 것이 얼마나 고달픈 일인지 잘 알아서, 애정하는 이들을 피해 숨느라 정신이 하나도 없었다.

오늘날엔 건강하다.
거짓 없이 웃고, 숨김없이 울고, 보탬 없이 대화한다. 그러니 더는 내 꿈에 찾아오지 않아도 좋아. 네가 내 의식에 등장할 때면 나는 너를 떠날 용기가 남아있던 당시의 나를 위안 삼을 수 있으니.
아 정말 다행이야.

배가 아파 밤새 이불 끝을 그러쥐었다.

끙끙 앓는 소리가 문밖을 헤집고 나간다 해도, 그 밤 내내 내가 아팠다는 걸 아는 사람이 없다.

나는 혼자 살고, 혼자 있고, 혼자 나았으니까. 그리고 그건 앞으로도 쭈욱 계속될 거니까.

몸속 염증이 나를 찔러 엉엉 우는 데엔 아무렇지 않으면서,

누군가 맘을 헤집어 엉엉 우는 스물여덟은 괜찮지 않은 세상이 좀 밉다.

운동하고 고모가 해준 양념에 국수나 말아먹어야지.

체중이 줄기 전엔 새 옷에 기웃대지도 말아야지.

은동아 그날 밤 헤어지고, 다음 날 아침 일하러 가는 길 햇볕이 너무 따사로왔어.

그늘로 피하려고 해도 자꾸만 햇빛이 나만 내리쬐는 것 같았어. 버스에 올라타니 기분 좋은 바람이 불었고 그마저 괴로워 창문을 닫았지만 버스 안 승객 모두가 창문을 열어두는 바람에 아픈 봄바람을 피할 새도 없이 온몸을 베이고 말았어.
나는 너를 잃은 사실이 너무 비참한데. 또 절망스러운데. 당장 오늘만큼은 꼭 불행하고 싶었는데. 행복의 증거들이 나를 에워싸 그날만큼은 딱 죽고 싶었어.

 미처 놓지 못한 마음을 건사 못해 엉엉 울 수 있는 나이는 지나버렸고

 처절한 진심을 전하면 떠난 연인의 마음을 돌릴 수 있을 거라 자신할 나이도 지난 뒤라. 네가 사라지는 그 길 인사도 못

한 채 끅끅 대며 밤을 새웠어.

은동아 은동아 은동아.

계속해서 네 이름을 부르고 싶어. 이젠 너무 당연해진 네 이름이 일상에서 사라지는 게 무서운 건지, 널 너무 사랑해 이름 석 자만이라도 붙잡아 두고 싶은 건지 나도 내 진심을 꾸역꾸역 생각해 내 볼게. 근데 그거 다 알아내고 나면, 그러면,

그땐 엉엉 울더라도 내 잘못이 아니야.

우리가 설익은 어른이 되어 헤어지는 바람에 아직 덜 자란 이성을 붙들어 놓느라 매일 맘이 죽어. 그래도 보고 싶다 연락은 하지 않을게. 네 하루는 좀 덜 불행하라고. 내가 좀 더 불행할게. 그러니까 가끔은 나 그리워해 줘.

사과 하나마저 엉망으로 깎는 나를 너는 얼마간 기억해 줄까.

나에 대해 설명하는 수많은 글을 뒤로한 채 네 멋대로 판단했잖아. 내 우울이 어디서부터 오는 건지, 나는 당신을, 또 사람을 아껴낼 때에 어떤 힘으로 견뎌내는지 고작 다섯 페이지에 불과한 글조차 지루해했잖아. 글이 아니라 나를 지루해하는 당신은 나의 무엇일지 상상이나 해 봤겠어 너를 기리며 적는 글을 넌 매번 싫다고 했어.
소리 내 우는 게 싫어서 적은 글이야. 그런 나를 한 번씩 기울여 보는 관심을 먹고 자랐고, 이 글 안의 당신은 너 하나뿐이 아닌 내 마음에 간직해 본 모두야. 한 번이라도 내 안 깊숙이 품어 본 사람들. 사랑하면 할수록 찔러 기어코 나를 울린 사람들. 그리고 저녁 8시 15분 지금은 오직 너 하나.

목구멍이 시큰한 하루. 그리고 내일두. '울컥'이라는 단어는 누가 만들어낸 건지 참 잘도 만들었다. '울컥'. 나는 네가 멀리 날아갈 생각을 하면 하루에 열 번도 더 '울컥'이란 걸 해.

좋아하는 꽃 딱 세 가지를 꼽으라면 은방울, 스위트피, 헬레보어랬잖아. 기억해?

좋아하는 장소에서 헬레보어 화분을 보곤 눈을 떼지 못하고 집에 데리고 와버렸어. 가장 잘 보이는 창가에 올려두고 한참을 눈으로 쓰다듬었어. 어쩌면 내가 당신에게 전하고픈 애정을 엉뚱한 데 쏟아부었던 걸까? 미안해. 그냥 당신 생각을 하니 눈물이 나.

맞아. 얄팍한 마음에 나를 또 뉘었어.

헤아리는 마음과 무수한 걱정

잠들었다 깨어나도 사라지지 않는 골칫거리들

네가 안아줄 수 있니 그러지 못할 걸 알아

> 그래서 나는 사랑이라는 환상을 좇아
>
> 무너진 세상 안으로 들어왔는데,
>
> 그 목소리는 바람 속 순간에 불과하고(어디로 가는지도 모르겠고)
>
> 곧 절망스러운 선택만이 남는구나.
>
> _ 하트 크레인, 〈무너진 탑〉 중에서

얻으려던 애정과 끊임없이 솟아나는 갈망이 내 사랑이었고 환상이었다면 나도 그를 좇아 무너진 세상 안에 들어왔습니다. 내게도 절망만이 남았나요? 도우려는 손길은 따사롭고 수많은데 뻗어 잡을 용기가 없고, 눈으로 좇으려니 마치 잡을 수 없는 아지랑이 같습니다. 내 삶이 의미 있기 위해 애써 마련한 마음이 툭 치니 허물어집니다. 나를 부른 목소리가 있었어요. 돌아보니 온데간데없습니다. 그건 정말 나를 스쳐 바다 위로 사라지는 바람 같은 거였을까요?

자신을 평강공주라고 착각하는 여자들이 세상에 너무 많습니다. 바보 온달이라도 되는 양 모자란 행색을 감출 생각도 없이, 애먼 그녀들의 발목을 잡는 남자들이 너무 많아요. 저 또한 수많은 그녀들 중 하나인 실패한 평강공주였습니다. 바보 온달은 세상에 없어요. 평강공주는 궁에서 가지고 나온 패물을 팔아 물심양면 빚고 빚어 온달을 고구려 장수로 만듭니다. 허나 당신이 만나고 있는 그 사람은 온달이 아니네요. 당신이 가진 순수한 사랑을, 죽어라 노력해 만들어 낸 당신의 가치로 그를 바꿀 수 있다 착각하지 마세요. 그들은 그러한 그릇이 못됩니다. 아, 정정해야 할 문장일지도 몰라요. 그녀들은 평강공주가 맞습니다. 그들이 바보 온달이 아닐 뿐.

같은 실수를 두 번 다시 반복하지 않을 거예요. 나를 가꿀 줄 아는 사람이 남을 배려할 줄도 알고, 나이를 먹고 난 뒤의 자신을 대비할 줄 아는 사람이 당신과의 미래 또한 염두에 둘 수 있는 사람일 테니까요. 연애가 꼭 필요한 세상인가요? 서점에만 가도 여기저기 눈에 띄는 커다란 카피들. '당신 그 자체만으로 눈부십니다.' 진부하다 해도 이만큼 정답일 수 있는 문장이 더 있나요. 눈물짓지 말아요. 울어도 예쁘지만, 거리낌 없이 웃는 당신은 시릴 만큼 아름답단 걸 알잖아요.

야만과 사랑으로 가득 차 있는

자꾸만 해치고 싶은 밤

고통 없인 하루가 안 살아지니?

어디가 고장 났길래 사랑은 고통에 딱 달라붙어 사는 내내 아픈 멍울만 늘리는지. 사랑이 보이는 안경이 있다면 내 몸은 온통 보라색일 거야. 빌어먹을 저 사랑에 처맞기 바빠지고.

내 사랑엔 안타깝게도 답안지가 있어.

미움이 씻겨 내려가면 아무 힘이 없다.

개자식만 골라 만난 건지, 네가 개자식이어야만 했던 건지 이젠 정말 알 수 없다. 웃는 낯으로 헤어지길 시도했지만 번번이 실패였다. 그때마다 차곡차곡 적립할 수 있었던 건 너를 정리할 수 있을 거란 확신이고 용기였다.

그러나, 다섯 줄을 넘기지 못해 항상 날이 선 글자만 꽂아 넣던 너는, 그날 밤 평소와는 달리 장문의 메시지를 보내왔고 그건 켜켜이 쌓아온 모든 확신을 무너뜨리기에 충분한 반전이었다.

은동아, 나는 미움 없인 아무 힘이 없어.

너는 어째서 마지막 순간, 본 적 없는 선한 이의 얼굴을 하고선 이토록 무해한 작별을 건네는지. 이런 결말을 안고선 아무것도 할 수가 없는데. 그런 나는 자꾸만 약해지고 쪼그라든단 말야.

억울함과 함께 실낱같은 희망이 자라는 기분이 들어 무참히

밟아 없앴다. 아마 우는 얼굴이었을 거야.
네가 마음껏 도망가도록 그냥 두었다. 부르튼 입술 살을 뜯어내며 잘 가라 인사했다. 그날 새벽 내내 비가 내렸고, 봄날에 감기를 얻은 나는 기침하기 바빴다. 머리통에 뜨거운 열이 휘몰아치는 걸 느꼈지만 아무것도 할 수 없었다. 너는 뜨거운 돌덩이를 내 이마에 얹어두곤 훨훨 날아가 버렸다.

얕은 헤어짐을 반복하고, 끝은 있다며 너를 돌아 세웠다. 너를 바래다주는 마지막 45분은 너무 서글펐고, 도착하기 전까지 신호는 파란불만 즐비하고, 내 차는 단 한 번을 정차하지 못한 채 너를 보냈다. 보고 싶을까? 아마 그럴 것 같아.

먼저 찾아온 적 없는 사람을 기다리다 매번 병이 든다.

사랑이 시가 되고 재가 될 때, 너와 내가 어른의 모습을 하고 있었다면 뭔가 좀 달랐을까?
불처럼 타오르면 반짝이는 무언가 될 줄만 알고. 우리 사랑이 보석인 줄만 알고.

나는 들었던 철마저 거꾸로 잃어가고
너는 꼭 사춘기 남학생 같아서.
우리는 함께 할수록 참 볼품없었어.

허물어지는 나를 느낄 때마다 못된 너를 이해하지 않으려고 노력해.
고통은 중독되는지라, 고통 없는 사랑은 사랑이 아닌 것 같은 지경에 이르렀나 봐.
대신 사라져 줄 순 없는 거니 내 힘으론 안 될 것 같아.

2017년이 갔습니다. 다사다난했어요. 정말 많이 울고 아팠네요. 곧 있으면 2018년 새 해가 밝아 올 테죠. 새 해엔 좋은 사람이 되어 좋은 사람 만났으면 합니다. 저도 그럴 거예요. 하고자 하는 말은 남았지만 이만 줄일게요. 지나면 지날수록 뚜렷해지기만 하는 사실이,-우리가 악연이었다는 사실요.- 그게 매번 제 기분을 엉키게 만들었지만 이마저도 묵은 2017년과 함께 보내겠습니다. 당신은 결코 좋은 사람이 아니었어요.

당신 고향 가는 길 기차 안에서 당신의 문자를 받은 적이 있다. 그땐 그랬다. 당신이 챙길 한 끼 식사가 따듯한 밥이 아닌 차갑게 식은 라면이 될까 봐. 당신 한 몸 뉠 바닥이 온기 없는 서늘한 얼음장이라도 될까 봐. 이제 나랑 상관없는 일인데. 쓸데없는 걱정과 기우가 그날 내 기분을 포싹 망쳐버리곤 했다.

그런 당신이 나를 잊지 못해 방황한다니. 나는 허황된 당신이 지긋지긋해 흉이 질만큼 벅벅 닦아 지운 지 오랜데. 내가 당신에게 반해 미치도록 눈부시다며, 내 한 줄기 선명한 빛, 찬란함이라며 노래하던 때가 있었는데. 이젠 당신이 나를 꿈꾸며 내가 바로 당신의 그 찬란함이란다. 조금, 아니 퍽 우스운 일이지 않나.

결국 난 그에게 생일 편지 한 장 받지 못했다. 바삐 달리고 있던 그이를 못살게 군 것은 나를 학대하던 불신들이었고,

재앙이 돼버린 그 아픈 것들은 겁먹은 나를 집어삼키고 말았다. 뒤늦게 도착한 꽃바구니 속 짤막한 메시지 카드가 끔찍하게 느껴졌다. 실은 나도 나를 낮추고 싶지 않았어. 악을 악을 써가며 끝까지 나를 책임져야 하는 거 아니냐고, 끝까지 거두라며, 그렇지 않음 아주아주 나쁜 놈이 되는 거람서 패악 부리고 싶었어. 그렇게라도 작은 맘 하나 당신에게 의탁하고 싶었어. 이 얼마나 나약한 사랑이니.

결말은 초라했다. 당신에게 제대로 된 편지 한 장 받아보지 못한 채 부슬비 내리던 어느 날 밤 우리가 끝장나 버렸다는 새드엔딩.

만약 마지막 인사를 한 대도 너와는 불에 데일 듯한 이별을 하고 싶었다. 우리 둘 사랑하는 마음은 그대론데 어쩔 수 없이, 필히 헤어져야만 하는 그날의 로미오와 줄리엣처럼. 구슬픈 이별에 정신이 다 아득해지도록. 그래서 다 늙어 죽을 때까지 이 세상 어딘가 고이 남겨두는 사랑으로.

혹시 언젠가 내가 뱉은 한 마디를 주워 담을 수만 있다면, 나는 손톱이 다 닳아 없어지도록 긁어 담을 거야. 너도 그럴 테지. 그럴 수 없단 걸 잘 알아. 우리 꼭 평생을 후회하자. 꼭 평생을.

네게 쥐여준 내 마음은 여러해살이 꽃이었는데. 비도 왔다가, 햇살도 쬐었다가 했음 좋았을 텐데. 비가 올 땐 태풍이라도 온 것 마냥 장대비를 맞고, 햇볕을 쬘 땐 가뭄이 든 것처럼 너무 뜨거워 바싹 말라버릴 때까지 내리쬐니 제 수명만큼 살아있을 리 만무하지.

그날 밤을 생각하면 턱 하고 숨이 막힙니다. 그날은 내가 꼭 짐승인 양 그 어떤 존중도 받지 못하는 기분이었어요. 자꾸만 물밭으로 가는 걸 보니 물에 빠져 죽을 운명인가 봅니다. 차라리 불행해 좋습니다. 글 깨나마 적습니다.
당신과 대화하다 보면 우린 대체 무슨 짓을 저지르고 있는가, 지구가 멸망하는 것 같았습니다. 왜 우린 서로를 가까이해 몸속 장기마저 잡아먹을 듯 망가뜨리나요.

나를 할퀴지 마세요. 당신을 가까이 두는 내가 미워 하루라도 빨리 도망가고 싶어 져요. 물가로 가고 싶습니다. 숨 막혀.

지킬 수 없는 약속을 하시다니요
아아, 은방울꽃을 사다 준다니요

우리에게 다음이 어디 있나요
뒤돌면 새 사랑이 채워져 있을 텐데요

이별은 원래 손끝에 서려요
안녕. 안녕. 안녕.

허-옇게 길고
까-만 때가 군데군데 박힌
손톱을 자르다 네 생각을 했다.

이 손톱을 다 자르고 나면
내 맘에 동동 매달린
너도 잘려 나가겠구나

아무도 만나지 않고
아무 데도 가지 않느라
보기 싫게 길어버린 쭉정이 같은 손톱

수분 크림 바를 때마다
때 묻은 손톱에 끼어
아- 내일은 잘라야지
내일도 모레도 자르지 못했다.

바짝 깎고 나니

하루 종일 손가락 끝이 아리다

아픈 살점을 꾹꾹 눌러본다

너 혹시 내 손톱 끝에 살고 있니

손톱이 깨끗해졌으니

밖으로 나가야지

아직 살점에 붙어 아프게 하는 너는

잊어야지

나는 계속 계속 기다리다

계속 계속 멀찍이 떨어져 있는 너를 보곤

계속 계속 입술만 곱씹는 거지. 멍청하게 엉엉 주저앉지 않으려고

"이렇게 시장 와서 여자랑 떡볶이 먹는 거, 첨이야."

나도. 나도 처음이야.
떡볶이를 먹는 별거 아닌 순간에 특별함을 부여하는 네 말엔 얼마만큼의 사랑이 담겨있어?
네 사랑은 그날 먹은 떡볶이보다 조금 싱거웠어.
그게 무슨 소용이니. 그게 다 무슨 소용이야. 내가 이렇게 시장 바닥에 앉아 너와 오뎅 국물을 나눠 먹고 빨간 떡볶이를 집어먹는 최초의 여자란 게 다 무슨 소용이냐고.
처음으로 반지를 나눠 낀 여자라거나, 밤을 보낸 여자래도 아무 소용없어. 우린 결국 헤어졌잖아.

처음이란 거 좋은 거 아니더라. 서툴고 어설프단 이유로 무책임하게 굴기 좋았으니까.
쉴 새 없이 몰아치다 끊임없이 상처 주고.
다시 생각해 보니 싱겁지 않았을지도 몰라. 너와의 연애는 사실 너무너무 매워서 눈물 콧물 범벅인 날들이 많았어.
다시는 반복하고 싶지 않을 만큼 지독하게 매워 딱 죽고 싶었어.

양 조절을 잘못해 고추장 범벅이 된 맵고 짜고 걸쭉이던, 실패한 비빔밥 같은 내 삶은-.

잘 지내니. 언제쯤 괜찮아질까? 혹시 너 나보다 먼저 털어낸 거니. 내가 잘 견딜 수 있을까. 견딜 수 있겠지? 어차피 서로에게 사라질 인연이었던 거지 우리.

그는 혹여 내가 사라져 버리기라도 할까 두려운 듯 문을 활짝 연 채 샤워했다.
물소리에 내가 떠나는 소리가 가려져 영영 놓쳐버릴까 두려운 사람처럼. 그의 불안이 옆방 모서리에 늘어진 나를 찔러 댔다. 그렇게 무서웠으면서. 왜 그랬어. 어떻게 그럴 수 있어. 어떻게 그래, 나한테.

사랑 이후의 일을 짐작할 수 없던 내게 너는 수수께끼 같은 공포가 되고, 그에 휘말린 나는 아무 말도 할 수가 없었다. 그저 그가 입 맞추면 입 맞추는 대로, 그가 만지면 만지는 대로, 그가 끌어안으면 끌어안는 대로. 내 의지로 할 수 있는 거라곤 두 눈을 지그시 감고 눈물을 터트리는 일뿐이었다. 정신을 차려보니 그도 함께 흐느끼고 있었다. "가, 얼른." 물기 어린 머리카락을 한 그가 말했다. 나는 한동안 말없이 그 아닌 허공을 쳐다보다가. 허겁지겁 짐을 챙겨 그 집을 나왔다. 도망이다. 도망이었다. 사랑에서의 도망. 사랑의 도피 말고 사랑에서의 도망. 삶에 어그러진 추억이 될 장면.

조금 있으면 한 겨울일 테니, 차곡차곡 쌓이는 눈만큼 못다 한 마음도 그 속에 잘 파묻혀 버릴 거야. 너는 나로 인해 사랑에 몸을 떨어보았다 말했으니 나는 곧 다음 사랑의 거름이 되겠지. 아, 좋은 사람을 만나 예쁘게 웃는 너는, 가슴이 시려 더 아름답겠구나.

안녕, 어떻게 지내? 무탈한 거지?

네가 누군지도 모르면서 아무렇게나 적어. 난 편지할 사람도, 전하고픈 안부도 없거든. 말하자면 사랑이 없는 상태야.

사랑 없이도 행복할 수 있더라. 오히려 사랑을 가까이할 때 더 불행했던 기분이야. 오늘같이 심심한 건 찬바람 쌩쌩 부는 날이면 모조리 날아가. 그러니까 고독은 사랑이 달고 오는 거야. 사랑이 없음 고독도 없어. 사랑사랑사랑. 이 얼마나 지겨운 말이니. 난 네가 앞으로도 쭉 이름 없는 사람이라면 좋겠다.

셋.
사랑이고 사랑

홍차 냄새가 나던 사람. 당신 곁을 지날 때면 마음을 편히 먹었더랬다. 그런데 당신은 내게 너무 달큰한 냄새가 풍긴다고. 자긴 단 걸 싫어한다고. 근데 있잖아, 나 당신 주머니 속에서 녹아버린 초콜릿을 봤어.
그건 나를 향한 마음이야, 나를 위한 마음이야? 사실 알아. 내 생각에 한숨짓는 밤이 늘었을 테고 당신 입에 맞지 않는 단 걸 찾아 헤맸을 거란 걸. 널 생각하면 그래. 찾지 않던 홍차를 찾아 매일 아침 물을 끓였어. 있잖아, 있지, 주머니 속 초콜릿은 이제 그만 홍차랑 같이 먹음 어때? 난 그런 온도에 녹아내려.

마음 새지 않게 단단히 돌려 막기. 들키면 큰일 나는 것처럼. 아름다운 걸 보면 꾹꾹 눌러 숨겨두기. 뺏기면 죽어버릴 것처럼.

그때, 내가 너 많이 좋아한다 고백했을 때, 왜 하늘만 쳐다봤어? 왜 떠다니는 구름만 바라봤어.
나는 자꾸 다른 델 응시하는 너만 보느라 그 여름이 온통 가슴 아팠어.

빛나는 것을 보면 떠오르는 사람이 있나요?

저는 당신이었어요.

그거 알아요?

당신이 다른 곳을 볼 때에, 솟구치는 눈물을 어쩌야 할지 몰라 고개를 들었다가, 당장에 흘러버릴 것 같아 다시 푹 숙였다가, 결국 두 눈가를 지나 뺨 위로 흘러 턱 아래로 떨어져 내리고 만 눈물이 너무 야속했어요.

금방 돌아올 당신의 시선에 이 무력함이 전부 들통날까 봐.

지울 수 없는 눈물 자국을 당신도 보았던 거죠?

보았지만, 아는 체하지 않았던 거죠

그런데 잘 모르겠는 건요, 그건 당신의 배려였을까요 무심함이었을까요.

나를, 잘 보아주고 있나요? 그걸 알 수 없어 입술을 물어뜯다 얼기설기 굳어버린 피딱지 위로 한숨 같은 사랑을 숨기지 못해 당신을 만나요.

고양아.

넌 참 세상만사 무뎌 보인다. 고양이로 태어나면 어때? 사람일 때 보다 나아? 보다 나으니 태평한 표정인 거겠지? 그럼 넌 고양이로 태어난 걸 후회하지 않으면서 사람 곁에 살고 있는 거네? 사람이 좋은 거네? 사람이 왜 좋아. 사람 좋아하지 말아. 부탁이야. 상처받는단 말야. 그래도 좋은 거라면, 그렇담 그건 사랑일 테니까 절대 절대 들키지 마.

하루가 늘 밤인 사람

너는 언제 눈을 뜨고 언제 몸을 일으키는지

아침 같은 나를 궁금해해 줄 거니?

우리가 만나면 세상이 무너질지도 몰라

아주 가끔 찾아오는 영화 같은 순간을 바라는 게 이상한 일일까?
이상하다고 하지 말아 줘

나는 네 마음이 깊은 바다인 줄로만 알고 매번 겁도 없이 뛰어드니 무릎이 깨져 나간다. 얕아도 너무 얕은 맘이라서. 매일 밤 사랑을 속삭이고 때로는 눈물로 고백하는 네 마음이 짙은 바다인 줄로만 알고. 고작 내 한 몸 유유히 헤엄도 못 칠 마음 쪼가리였는데.

9월이 지났다.

스물아홉의 9월을 어찌 보냈더라. 조금은 열심히, 미미한 열정을 피워내면서.

잘 지내다가도 쓸쓸해 울고, 지나가는 말 한마디에 밤잠을 설치고, 우정과 사랑을 가늠하며 괴로워했다.

그 마음은 내 힘으로 어쩔 수 없는 것들이었어.

나는 아직 쓸쓸해서 운다.

김동률을 듣고 울고 완결 난 소설에 울고 설거지하다 문득 찾아오는 막막함에 무너지고-

눈물이 많았니? 하면, 아니었는데.

일본어 공부를 시작했지만 이번 주 목표한 단어의 할당량을 외우지 못했다.

수영도 등록했지만 수영복조차 사지 못했어.

마음먹는 마음을 모으다 보면 지금과는 달라지겠지. 느긋해도 좋으니 시월엔 덜 울기. 너도 그러하길 바라며.

지나치게 사랑하지 말 것

있잖아요. 오늘 내 마음이 무사한지 궁금해해 줘요.

오늘 하루 잠자리가 날카로운 한숨에 불편하진 않을지 생각해 줘요.

당신의 세계에서 살아 숨 쉬고 싶어요.

요츠야 어귀를 지나는 데 산뜻한 세제 향이 코를 스쳤다. 매일 이불 빨래를 하는 집에서나 나는 향기다. 그런 집에서 숨길 수 없이 풍기는 향. 주말 저녁 7시 그 동네 골목은 아주 조용했고, 아주 멀리서부터 페달 돌아가는 소리가 들렸다. 그리고 내 옆을 스쳐 지나는 자전거 위 남학생에게서 똑같은 세제 향을 맡았다. 온 신경이 휘감겨 정신을 차릴 수 없었다. '너 저 집에 사는구나.' 닿은 것도 아닌데 닿기라도 한 것 같아 야릇한 기분이었다. 우리가 대개 진득한 향수의 향보다 가벼운 빨래 냄새, 체향과 섞여든 부드런 섬유 유연제 향, 날 듯 말 듯 코끝을 스치는 옅은 비누 향을 사랑하듯, 미처 얼굴도 보지 못한 그 남학생이 향기 하나로 내 사랑을 앗아갔다.

요츠야의 저 집은 아마 모를 거야. 오래도록 움직이지 않고 한 자리에 자리하며 얼마나 많은 이들의 맘을 숱하게 훔쳐왔을지. 수프 카레 먹으러 가는 길이 콩닥거리는 통에 손으로 입가를 가렸다. 기분 좋은 동네야. 다시 만날 수 있다면 좋겠다.

봄.

어쩌면 가장 낭만적인 계절이 아닐까. 사랑을 노래하지 않는 이가 없다.

내가 좋아하던 사람은 술에 취하면 전화하는 사람이 아닌 취하면 자는 사람이었다. 좋아하는 음식이 무엇인지 일 년을 사귄 연인도 잘 모를 만큼 주장이 없었다. 연인이 가자면 가자는 대로, 먹자면 먹자는 대로, 보자면 보자는 대로. 그래도 떠올리면 따분한 남자는 아니었다. 무난한 사람. 세 살 더 어렸다면 몰랐을 매력이었다. 참 무난한 사람. 화가 없고 자존감은 단단해 딱 소리 없이 나를 반기는 사람. 그래서 좋아해.

너와 함께 있으면 살랑거리는 바람에 흔들리는 나무를 보는 사소한 일에도 울컥 일만큼 행복해.

내가 사랑하는 것이 하얀 구름이 아닌 분홍색 구름이라면 당신도 함께 좋아해 주어. 이를 사랑하는 내가 외롭지 않게.

"눈이 오면 전화해."
사랑한다는 말이었다.

내가 선물한 너의 컬러링이 조금씩 지겨워질 때쯤이면, 내가 너를 그만큼이나 많이 찾는다는 거겠지? 너를 자꾸만 더듬어 어디쯤에 자리하고 있는지 확인하는 내 맘은 결국 사랑을 뜻하고 있을까?

너는 왜 그런 게 재미있다고 웃었어.

난 너무 슬펐는데.

우리 되도록 가볍자. 무게 잡지 말고, 그저 가볍게. 흔하거나 시끄럽게. 웃고 떠들고 입 맞추고, 별거 아닌 감정에 소모돼 볼썽사납게 운다거나, 너무 먼 미래를 점치느라 눈을 빛내지 말고, 또 끝을 재는 말 따위도 말자. 그게 오늘 하루를 우리가 좀 더 행복하게 살아내는 방법일 수도 있잖아. 대신에 나는 티끌 없는 질량의 사랑을 말할게. 사랑해, 오늘도. 아주 많이.

안녕, 오늘 네가 하려는 일은 모두 잘 될 거야.

네가 미울 때도 야속할 때도 네 안녕을 비는 오늘 내 마음은 사랑이야.

속삭임 같은 고백이 팔랑 내려앉았다.

너는 지금껏 내게 여러 번의 사랑을 고백했지만, 오늘처럼 가슴에 사무치는 고백은 전에 없었다. 나란 사람이 너무 좋아서, 이렇게 좋아해도 되는 건가, 나를 너무 사랑해서 사랑하는 게 미안해질 정도라는 말을 빌려 애처롭게 고백하는 너를 어떻게 사랑하지 않을 수 있을까.

사랑스러운 사람, 당신이 내게 쏟아붓는 뜨거운 마음이 영원하지 않을 걸 알아. 그래도 난 지금 당신의 뜨거움에 몸 져누울래.

그때는 꼭 손잡고 달릴게요. 외면하지 않고

마음이 내려앉을지도 몰라. 사랑하는 것들이 모두 영원하진 않잖아. 언제나 그랬듯 새로이 사랑하는 무언갈 더 만들어 내자. 시간은 속절없이 지나가고, 우리 눈 감는 어떤 날엔 사랑해 끌어안았던 것들이 가득할 수 있게.

물기 어린 당신의 눈동자만 보아도 전류가 흐르듯 마음이 저릿하던 순간들을 기억해요 그 밤 내내를 떠올리면 너의 팔을 베고 누워 자는 일이 썩 달콤하지 않았다. 너는 눈을 감자마자 코를 골며 잠에 들었고 나를 곁에 둔 채 멀어져 버린 거다. 무책임한 자식. 너와는 달리 찾아오지 않는 잠에 한숨을 폭폭 내쉬며 그 밤 내내 뒤척여야 했다. 너를 등져도 보고, 네 품에 알맞게 쏙 들어가 너의 체온을 건네받아도 보고, 그래도 떠나지 않는 불면에 지고 만 나는 핸드폰을 켜 우리 함께 찍은 사진첩을 뒤져도 보고. 분명 너, 나 우리 둘 행복은 충분한데 네가 내게 반응하지 않는 이 시간이 찾아올 때면 나는 조금 불행하다. 24시간을 잠들지 않고 나를 위해 깨어있음 좋겠어. 내가 말을 하면 미소 짓고, 말없이 쳐다보면 귀여운 눈썹을 꾸부리며 눈치를 보고, 화를 내면 단 1초의 망설임 없이 "무조건 다 내가 미안해."라며 내 손을 꼭 잡아 쥐는 네가 나와 함께 영영 깨어있으면 좋겠어. 네 팔베개론 성에 안 차. 내게 반응하는 너의 모든 움직임을 사랑해.

이름도 참 귀여운 은동아. 넌 오직 내 안식의 품이야. 너와 함께하는 모든 시간이 즐거운 것은 아니지만, 날 향한 맹목적인 네 마음은 갈증으로 가득한 나를 움직이게 해.

흔들림 없이 나를 보는 네 눈동자가 영원했으면 좋겠어. 영원하지 않을 걸 알아. 허무맹랑한 낭만일지라도 네 불길이 영원했으면 해.

그대는 우주고 나는 고작 숨소리 조그마한 장미

눈부셔서 사랑인 줄 알았던 때가 있다.

가을 색으로 물들어가는 나뭇잎도 보이고, 구름 예쁜 그날의 하늘도 보이고, 그 안에서 웃고 있는 내가 잘 보여야 사랑인 건데.

엄마 아빠는 이 중요한 사실을 가르쳐 주지 않아 아무 생각 없이 걷어찬 헛사랑에 몇 년을 질질 끌려다닌 상흔을 남겼다. 바보 같애.

매일매일 잦던 애정 어린 농담도, 가벼운 사랑 고백이 사라진 지금의 우리 사이는 너무 무겁다. 내가 너를 좋아하기 시작할 적부터 두려웠던 순간이야. 우리 둘 사이가 하릴없이 무거워지는 일.

언제였더라.

내게 화 한 번 내지 않던 네가 어렵사리 싫은 소리 하나만 꺼내도 되겠냐던 어느 여름날. 대체 무슨 말을 할까 겁먹은 내게 손등에 입은 작은 화상을 가리키며 제발 연고 좀 바르자 울상을 지었잖아. 나는 그런 널 보며 웃느라 내일이 꼭 영원처럼 느껴졌어.
그때가 너무 그립다. 구름처럼 가볍고 폭신했던 그때만 잔뜩 남아. 익살스러워 한없이 사랑스럽던 네가, 내 우울에 젖은 솜이 돼버렸나 봐. 오늘은 너 대신 내가 울어보려고. 미안해 정말.

그 많던 사랑이 다 어디 갔는지.

내가 다 치워버렸던가. 기억나지 않아.

날이 오래된 무성 영화 같다. 날 불러도 듣지 못할까 겁나.

나눴던 약속은 모두 가만있니? 날아가 버린 지 오래라고. 얼마나 갑갑했으면 그랬을까. 다 해져버릴 줄 알았던 걸지도 몰라. 사랑이 너무 뜨거워 태워달라고, 태워달라고 세차게 빌곤 했거든. 아, 오늘 밤 꾸는 꿈엔 꼭 지난 사랑을 손으로 잡아 뭉쳐야겠다. 자는 동안만이라도 슬프지 말라구.

"만약 내가 느끼는 당신의 사랑이 뜨거운 불길이라면, 그렇다 해도 좋아요. 나는 언제나 사랑에 목말라요. 아픈 기억이 쌓이고 우울한 하루가 모여 억겁의 시간을 흐른대도, 손쓸 새 없이 타 죽어도 좋아. 그만큼 당신을 사랑해요."

달아나며

압니다. 아무도 나의 초과된 사랑을 바라지 않는다는 걸. 그럼에도 멈출 수 없는 이 뜨끈한 사랑은, 노래하게 해요. 지겹다는 데도. 사랑사랑사랑― 하고.

가진 사랑 중에 무엇 하나 온전한 것이 없습니다. 가족도 연애도 우정도 전부 어딘가 고장 난 걸 달고 와 이 정도면 꽤 멀쩡하지 않냐며 척하기 바빴습니다. 좋아하던 것들이 싫어지고, 아끼던 것들은 날 벗어나기 일쑤였습니다. 사랑하겠다는데도.

그러니 나는 어떤 것도 탓할 수 없어요. 스스로 충족시키지 못해 벌어진 결핍은 누구도 채워줄 수 없었습니다. 그럼 나는 어쩌죠? 가진 사랑이 전부 이 모양인데요. 도망가는 수밖엔 없잖아요. 예뻐하던 이가 내게 실증을 느끼면 서둘러 다른 연락처를 검색했습니다. 아빠이다 고모이거나, 고모이다 친한 언니이거나, 친한 언니이다 애인이거나, 애인이다 절친이거나... 해진 사랑을 뜯어 코팅하듯 새것처럼 단장해 다른 이에게 붙였습니다. 그때의 제 심정을 아나요? 알 수 있을까요. 모를 리 없겠죠. 당신도 같은 사람이라 여기까지 쫓아온 거잖아요.

이 책을 쓰기로 마음먹었을 당시엔, 분명 치열한 도망이었는데 마무리를 앞두려니 많은 게 힘을 잃었습니다. 미운 사람이 많았거든요. 근데 다 지워졌어요. 미워야 써지고 아파야 살아지는데 일이 이렇게 되니 막막할 따름입니다. 이제는 다들 현생이라고 부르는 그걸 살아내느라 참 바빠요. 오직 나만 그걸 인정하지 못해 마른침을 삼킵니다. 아직은 좀 더 환상 속에 살고 싶어요. 어제는 훈훈해진 봄날을 눈치채고는

엉뚱한 상상을 했습니다. 똥차 가고 벤츠 온다는 우스갯소리가 속담이 되어버린 지금, 모두 묵은 상처를 벗어나 행복을 향해 살아가는데 나는 아직 한 번은 더 아파봐야 하지 않나 하는 위험한 상상을. 이대로 다정한 사람을 만나 평안에 골인하기엔 남긴 슬픔이 너무 적지 않나 싶은 끔찍한 생각을 해요. 도대체 왜, 예술을 논하는 사람은, 형상을 기록하는 이들은 지치지 않고 고통에 자신을 내모는 걸까요. 원한 적 없다더니 순 거짓말. 정말이지 지독합니다.

스물둘 언저리부터 서른 초입에 흩뿌려 둔 단상을 모아 적은 이 기록들은, 순서를 알 수 없이 뒤죽박죽 섞여있습니다. 이유는 간단해요. 따라 잡힐 발자취를 남겨둘 순 없으니까요. 나는 도망 중이에요. 함부로 내 마음을 추리하면 안 돼요. 여기 적힌 글들은 모두 그런 글들이야. 공소시효마저 전부 끝장나 버린 사랑. 그러니 아직 내가 앓고 있을 거라 착각하지 말아요. 아, 여전히 핏대 세우는 걸 보니 멈추지 말고 달아나야겠어요. 멀리 더 멀리. 이다음에 만날 땐 사랑 딱지를 다 떼고 오게 해 줘요. 부디 바라건대 햇살처럼 웃을게. 그럼 안녕. 기억하지 말아요.

사랑하겠다는데도

초판 발행	|	2024년 06월 11일
글·사진	|	배윤음
펴낸곳	|	안식
발행인	|	신하영 이현중
편집	|	신하영 이현중
주소	|	서울특별시 마포구 성미산로1길 21 사울빌딩 302호
이메일	|	deepwidethink@naver.com
ISBN	|	979-11-987953-0-4

ⓒ배윤음, 2024

파본은 구매하신 서점에서 교환해 드립니다.
이 책은 저작권법에 따라 보호를 받는 저작물이므로 무단 전재와 복제를 금합니다.